LOUIS XVI

ET COLIGNY

DEUX PAGES D'HISTOIRE

1793 - 1572

RÉPONSE A LA PRESSE LÉGITIMISTE

PAR

H. BONDILH

MARSEILLE

TYPOGRAPHIE ET LITHOGRAPHIE H. SEREN

Quai de Rive-Neuve, 3.

1865

LOUIS XVI

ET COLIGNY

DEUX PAGES D'HISTOIRE

1793 - 1572

RÉPONSE A LA PRESSE LÉGITIMISTE

Les légitimistes et les cléricaux n'ont pas seulement le monopole de l'honnêteté politique et de toutes les vertus privées ; ce privilége d'une incomparable moralité est encore le moindre de leurs mérites.

A quoi servirait de le nier! le désintéressement et l'abnégation sont des vertus éminemment monarchiques; ceux qui portent avec tant de fidélité et d'ostentation le deuil de Louis XVI ne mêlent pas la moindre parcelle d'égoïsme à leur douleur chevaleresque; loin d'eux, soyons-en persuadés, toute pensée qui pourrait se rattacher aux priviléges du bon plaisir et aux bénéfices du régime féodal.

La calomnie seule pourrait prétendre que les pleurs des

honnêtes gens répandus, depuis trois quarts de siècle environ, sur le cercueil de l'Auguste Victime, traduisent un autre sentiment que celui d'une piété immaculée. C'est l'infortune du monarque, et non la perte des faveurs royales qui ne cessent d'attrister, de père en fils, les héritiers de l'abnégation nobiliaire.

Voilà pourquoi le 21 janvier est en même temps une date funèbre et un jour de triomphe pour ces vertus surhumaines, mais hélas! trop méconnues, de la caste cléri-co-légitimiste.

Et, d'ailleurs, comment vouloir persévérer dans un doute injurieux quand l'influence de cette foi si pure s'étend même sur la plèbe royaliste, se fait si vivement ressentir de ceux mêmes dont les pères furent manants et vilains, roturiers, *sainte canaille* décimée, bâtonnée, pillée et surtout bafouée dans le bon vieux temps par les grands seigneurs des deux Ordres, les seigneurs de l'épée et ceux de la mître, les suzerains des camps et les barons de la Sainte Église, qui répandaient, à l'envi, le sang du pauvre serf, le buvaient et s'en engraissaient sous forme évangélique de dîmes, de tailles, de corvées et autres douces variantes de l'homicide féodal.

Mais l'histoire ainsi présentée n'est qu'une pure fiction, une calomnie chronologique inventée par les affreux disciples de Voltaire.

Les *Gazettes* de France et de Navarre qui connaissent si bien cette détestable engeance, ont certes raison de nous dire, chaque jour, que les malheurs de notre temps découlent seulement de l'injustice et de l'impiété révolutionnaire.

Si les ennemis du droit divin n'étaient aveuglés par une haine fatale, ils se seraient aperçus, depuis longtemps, que les vrais défenseurs de la liberté sont marqués au double timbre de Loyola et de M. de Chambord.

Les coryphées, trop connus, du rationalisme ont propagé, à travers le monde, les fables les plus mensongères contre la vraie foi sociale, contre l'orthodoxie féodale et théocratique.

A entendre ces misérables folliculaires sans pudeur (style Veuillot-Plantier), il y aurait beaucoup à blâmer et encore plus à condamner dans le régime du ci-devant bon-plaisir, tandis que les prétendus serfs et roturiers du moyen-âge n'ont été que les victimes d'une oppression imaginaire.

Les comtes et les barons avaient su rendre leurs priviléges presque aimables, à force de bonté et de mansuétude! Pourquoi donc la furie révolutionnaire a-t-elle lancé la pomme de discorde sur cette France de 1789 qui, jusques alors, avait été, surtout pour les manants et les vilains, un véritable pays de cocagne!

Pourquoi le génie du mal a-t-il empêché les abbés de cour et les chambellans des Dubarry-Pompadour, de donner suite à leurs idées généreuses et de réaliser les quelques légères réformes dont le besoin pouvait se faire sentir, peut-être!

Les misérables tribuns du Tiers-État ont tout précipité hélas! ils avaient hâte, ils avaient soif d'insulter, de renverser les généreux descendants de Clovis, de Charles IX, de Louis XIV! Sans cette funeste intervention de la tourbe philosophique, les rois légitimes se seraient empressés, lentement, de restituer à la plèbe roturière le droit qui sommeillait dans les cachots de la Bastille et dans les saintes ténèbres des sacristies !

Les comtes et les barons n'avaient rien tant à cœur que de déchirer leurs parchemins et de les brûler sur l'autel de la patrie ! La noblesse, si perfidement accusée, voulait consacrer son bras à relever l'édifice de toutes les libertés ; mais l'impatience criminelle des plébéiens envieux a devancé l'heure des réparations pour ravir aux gentilshommes la gloire de renverser, de leurs propres mains, les citadelles féodales.

Voilà ce que l'histoire impartiale apprendra aux générations futures, quand la mort et le néant auront absorbé, dans leurs abîmes, la voix des blasphémateurs et du dernier rejeton de Voltaire.

Hâtons-nous donc de réparer dors et dejà les injustices de la Révolution, et que le sentiment d'une fausse honte ne nous empêche pas de rendre à la vérité l'hommage qui lui est dû.

Depuis Mirabeau jusqu'à Robespierre, les seuls, les vrais coupables de tous les malheurs de la France et de l'Europe, ce sont, à vrai dire, les agitateurs hypocrites d'un peuple trop crédule !

Il ne saura jamais assez, ce troupeau fourvoyé dans les forêts de la tolérance par les loups de la philosophie, quel amour et quel dévouement on avait pour lui dans les bergeries de Louis XIV ! Que la houlette d'Escobar le ramène, au plutôt, dans ces verts pâturages de la dîme, de la corvée, de la confiscation qu'il n'a abandonnés que pour brouter les affreux chardons de l'égalité civile et politique.

Ce qu'il importe surtout de proclamer tout d'abord et bien haut, à l'éternelle confusion des vipères qui ne cessent de siffler la gamme des calomnies démocratiques, c'est que la royauté est personnellement innocente des homicides que le mensonge lui reproche.

Voici, entr'autres, une imposture historique, forgée dans les cavernes de l'athéisme et propagée par les blasphémateurs de la clique protestante et libérale.

Il y a trois siècles, bientôt, disent-ils, qu'un roi de France marqué, au front, du double signe du baptême et de la légitimité, impatient de voir que l'égorgement de ses très-chers frères en Jésus-Christ et de ses sujets calvinistes, ne s'effectuait pas au gré de ses désirs, s'empara de sa main chrétienne et chevaleresque de l'arquebuse des papistes et se fit acteur dans ce guet-apens nocturne du 24 août.

C'était en l'an de grâce 1572 !

Grégoire XIII occupait alors le Saint-Siége apostolique, catholique et romain.

Mais le jeune et pieux monarque avait à cœur de rendre hommage à sa très-sainte-mère l'Eglise. Car les sectateurs de Calvin poursuivaient audacieusement l'œuvre abominable de leur maître ; ils osaient même invoquer l'humilité et la miséricorde évangéliques contre l'orgueil et la cruauté supposés des princes du sacerdoce.

C'est dans le même esprit de dénigrement que les impies accusent François Ier, le roi-chevalier, d'avoir allumé les premiers fagots catholiques comme un avant goût et un à-compte des flammes réservées, dans l'autre monde, aux fauteurs, propagateurs et approbateurs de la révolte protestante.

Sous Henri II, successeur et digne fils de son père, Anne Dubourg, conseiller au parlement de Paris, fut pendu d'abord, puis brûlé en place de Grève ! C'était en l'an de grâce et de miséricorde 1559.

L'honneur de la monarchie exige de constater que le théâtre de ces homicides religieux ne s'appelait pas alors du nom sinistre qui fait frissonner les honnêtes gens. La place de la Révolution ne devait être désignée et nommée que plus tard ; mais, en attendant, les rois très-chrétiens, fils aînés de l'Église, ne songèrent pas à créer une place de la Concorde !

Quoiqu'il en soit, Anne Dubourg, criminel endurci, méritait si bien ce juste châtiment qu'il aima mieux être suffoqué par la hart et par les flammes plutôt que de confesser son crime d'hérésie. Ce détestable exemple n'aurait donc servi qu'à accroître le nombre et l'audace des partisans de la réforme religieuse. La témérité invincible des novateurs se fortifiait dans les épreuves du martyre !

Voilà pourquoi, les doux pasteurs du troupeau baptisé, désespérant de ramener tant de brebis égarées au bercail du pontife romain, imaginèrent de les offrir en holocauste au Dieu de pardon et de charité qui ne règne que dans les cieux !

Les esprits libertins, dupes de l'erreur philosophique, pourraient peut-être se heurter ici contre une objection des plus sérieuses !!

Les bergers sont maîtres du troupeau comme les colons sont maîtres de leurs esclaves, on le croyait du moins ou l'on affectait de le croire en ces jours d'omnipotence théocratique.

Que pouvait-on faire d'une brebis séditieuse,

Qui refusait de laver sa conscience dans les eaux de la confession ;

Qui prenait texte et prétexte de sa prétendue liberté pour ne mettre que Dieu seul dans la confidence de ses actes et de ses pensées ;

Qui refusait le culte de son adoration aux saints du calendrier ;

Quand l'animal était perverti au point de ne plus vouloir livrer la dîme de sa laine aux bons moines qui vendaient les indulgences avec ou sans escompte, à terme ou au comptant !

Singulier commerce où les caissiers ne réglaient jamais avec leur patron sous prétexte qu'il ne résidait pas matériellement au siége des affaires !

Disposer de la marchandise du Seigneur, vendre les pardons et les grâces du ciel, encaisser e montant de la facture, et laisser à Dieu l'obligation de payer les traites fournies par la banque romaine ; quelle merveilleuse et lucrative industrie !!!

Mais ce beau trafic des miséricordes célestes pouvait-il prospérer indéfiniment ?

Un jour vint, hélas ! où des moines, eux-mêmes, se mirent à dénoncer l'agiotage catholique des exploiteurs de conscience.

Les commis voyageurs de Léon X, surtout, furent signalés à la méfiance des populations. Le grand comptoir de Rome était menacé d'une ruine certaine, si la clientèle dévote était détournée des entrepôts de *Pater* et des succursales d'*Agnus Dei* !

Martin Luther n'avait déjà que trop bien réussi en Allemagne où beaucoup de chrétiens commençaient à comprendre qu'il valait mieux garder l'argent en poche et les péchés sur la conscience, sauf à régler avec Dieu lui-même le compte-courant de la vie.

L'Évangile ne parle, à aucune de ses pages, de la nécessité où peuvent se trouver les pasteurs du troupeau de se faire industriels d'*Oremus*, et de coter les articles-foi sous une rubrique commerciale.

L'Évangile ne parle que d'un pasteur, le bon pasteur qui ne tond pas ses brebis, mais qui donne sa vie pour elles !

Mais les fermiers-généraux du catholicisme ne se sont pas crus liés par la générosité du propriétaire.

Les successeurs infaillibles de Saint-Pierre furent, en général, de ce dernier avis.

Ils pensaient d'ailleurs que la première qualité des

tendres agneaux, est d'obéir! Un agneau qui raisonne est une bête détestable, livrez-le à la clémence paternelle du boucher. C'est le seul moyen pour qu'il ne vienne pas dangereux!!!

La chose est certaine; l'expérience l'a démontré depuis longtemps; les moutons de l'intolérance rapportent plus au berger que les béliers de l'hérésie.

Théocrates et légitimistes, vous avez raison!

Les calamités du genre humain et tous les désastres de l'histoire n'ont d'autre cause que l'esprit de rébellion.

. Coligny, vaillant capitaine, homme d'honneur, loyal et fidèle sujet, mais calviniste obstiné, a été légitimement et saintement égorgé par Catherine de Médicis.

Le catholicisme et le droit divin se défendaient!

La nuit de 24 août 1572 n'a jamais été et ne sera jamais à vos yeux une nuit de honte!

Ce fut la main d'un bienheureux papiste qui mit en branle la cloche de Saint-Germain-l'Auxerrois! Par tant, l'histoire indulgente ne s'occupe que dédaigneusement de savoir et de redire le nombre des victimes! La calomnie libérale va jusqu'à poser un chiffre! Cent mille poitrines de Français et de chrétiens auraient été frappées du poignard catholique et royal! Mais qu'importe, si tous ces flots de sang ne pouvaient encore désaltérer le vampire romain qui pourtant daigna exprimer sa satisfaction et sa gratitude aux défenseurs de la foi et de l'autorité!

La mort de Coligny ne troublera jamais la conscience des honnêtes gens qui ne jurent que par l'oracle infaillible du Vatican! Grégoire XIII orna le palais des Saints Apôtres d'une légende apologétique en l'honneur de Catherine et de son fils!   ⸜

Pontifex necem Colinii probat !!

L'impiété révolutionnaire n'a donc qu'à s'incliner et à garder le silence ; il n'appartient qu'aux fauteurs de troubles et de séditions de rappeler les jours funèbres où un roi de France se fit ordonnateur et exécuteur des hautes œuvres de sa Sainteté !

Coligny ne fut pas une victime !!

Gardons-nous d'évoquer cette ombre sanglante.

Le cours des années aura bientôt ramené le trois centième anniversaire de cet égorgement. Mais aucun pape ne s'est lavé les mains de ce sang ; aucun roi de France, depuis Charles IX jusqu'à Louis XVI n'a imité la conduite de Pilate !!

C'est qu'en effet la cour de Rome et celle de Versailles avaient bien d'autres soucis que de se repentir de leurs prétendus crimes !

Écoutons plutôt les apologistes des anciens jours !

Il n'y a jamais eu et il n'y aura jamais qu'un seul crime devant l'histoire ! — C'est le crime de la Révolution ! — Il n'y a jamais eu qu'une seule victime lamentable ! — C'est le roi-martyr ! C'est Louis XVI !!

La Liberté devra garder éternellement sur sa robe, ce sang royal qui avait coulé dans les veines de Louis XV, le bourbon immaculé !

Les massacres des Cévennes et les dragonnades n'ont pas laissé la moindre souillure sur le manteau de Louis XIV, pas plus que le sang de Coligny n'avait maculé le pourpoint de Charles IX.

Les hécatombes de la royauté sont pures de toute intention criminelle ; les fils aînés de l'Église avaient en poche un brevet du Saint-Père pour châtier les rebelles et extirper l'hérésie. Ah ! pourquoi la Convention n'a-t-elle pas rallié à sa cause un doux pontife, un autre Grégoire XIII, pour bénir le couteau de la Terreur comme le poignard de la Saint-Barthélemy ! Pourquoi donc le martyr de la liberté fait-il verser tant de larmes à ceux qui insultent les martyrs de la royauté ? Et si, chaque année, à date fixe, les vrais et les faux dévots de la religion monarchique se donnent rendez-vous aux pieds des saints autels, leur prunelle, fascinée par les décors funèbres du sanctuaire, ne pourrait-elle pas apercevoir l'ombre errante d'une autre victime, un autre cadavre étendu devant le Christ ?

Quand le spectre d'un monarque est évoqué par les

lévites si miséricordieux, un autre fantôme se dresse à son tour, et sans évocation, en face du Christ-rédempteur!

Ah ! montrez, montrez autant et aussi longtemps qu'il vous plaira, le suaire du royal supplicié; mêlez, dans vos prières, et dans vos chants funèbres, votre haine si sincère de la liberté aux douleurs et au désespoir de votre égoïsme politique, vous n'empêcherez jamais le vénérable martyr de Charles IX de montrer, lui aussi, à Jésus, son divin maître, son flanc percé par les sicaires de la papauté.

Vous vous imaginez peut-être que vos gémissements périodiques et vos larmes d'étiquette ont le privilége de tromper Dieu!

Que les défensenrs du droit populaire sont condamnés, à perpétuité, à l'insulte impunie de vos *de profundis* royalistes !

Que les souteneurs de la domination théocratique sont agréables au doux Jésus parce qu'ils s'appellent Veuillot ou Torquémada!

Que la colère du Très-Haut est réservée à ceux-là seuls qui ont conduit la Monarchie au calvaire de la Révolution!

Que les trésors de la grâce divine seront, jusques à la fin des siècles, prodigués aux valets et aux apologistes de l'Inquisition, pour avoir torturé la Liberté sur les chevalets et dans les cachots de la Sainte Église Romaine !

Détrompez - vous ! Car à moins de substituer vos illusions à la réalité, il y aurait blasphême à prétendre que si le Dieu du ciel et de la terre doit peser la Royauté et la Révolution dans la balance de sa justice, il pourra se servir du faux poids des aristocraties !!!

Continuez, pourtant, à sonner le glas funèbre de la Monarchie, justement expropriée pour cause d'utilité publique ; mais soyez persuadés que la cloche de vos sacristains ne peut se faire entendre, au 21 janvier, sans réveiller le tocsin de la Saint-Barthélemy !!!

Légitimistes et cléricaux, vous avez tout intérêt à ne pas réveiller les échos tragiques du passé.

Si votre orgueil ou vos rancunes vous empêchent de *pardonner* à la Révolution, soyez assez modestes pour renoncer à l'amnistie de l'histoire !!

H. BONDILH.

21 Janvier 1865.